꿈속에 핀 꽃

최병학 제14시집

호脈

꿈속에 핀 꽃

차례

1부 봄이 오면

- 12 꽃향기
- 13 아카시아 꽃
- 14 민들레와 씀바귀
- 16 꿈속의 꽃
- 18 봄바람의 웃음소리
- 19 봄의 손짓
- 20 봄이 오는 길
- 22 산동의 봄
- 24 봄볕 신화를 쓰다
- 26 꽃들의 시새움
- 28 상사화가 피었네!
- 30 봄바람 속 나비
- 32 목련꽃
- 33 함박꽃
- 34 꽃의 香煙

차례

······
····
2

2부 | 환상의 봄

36　순간의 꽃
37　꽃구름
38　내가 살던 고향은
40　나를 찾아서
42　숯불 구이
43　산, 그림자
44　꽃게장
46　조 막걸리
48　친구야 보고 싶다
50　황산 雲海
51　동백꽃 피면
52　찾아간 고향
54　자연의 알람 시계

차례

... 3

3부 욕망의 바람

56 안세영 선수
58 인공 지능
60 흑산도 홍어
62 욕망은 바람 따라
63 치솟는 물가
64 신의 불장난
66 암호 화폐
68 무인도
70 삶의 비밀번호
72 변신의 시도
73 하늘의 흘림체
74 불멸의 인용
75 비가 내린다

차례

····
4

4부 | 죽음의 길

78 날갯짓 고운 아부
80 꿈속에 핀 꽃
81 달팽이
82 도깨비풀
84 길 위의 생명들
86 봉황새 하늘을 날다
87 꿈속의 길
88 모과 술
90 춤추는 빨래
92 추억의 보리밭
94 태풍이 불면
96 가 버린 세월

차례

·
·
·
5

5부 오랜만이야

98   가을 전어錢魚
100 나를 찾아서
102 흘러간 세월
103 밤안개
104 먹이 사슬
106 추억의 그림자
108 마지막 잎새
110 삶의 포기 각서
112 독사의 몽니
114 죽음의 신호등
116 죽음의 길
117 기다림
118 세월의 꽃
120 미친 산불

차례

...6

6부 | 거짓과 진실

122 모기의 집착
124 진실과 거짓
126 거짓의 橫暴
128 세월을 써 간다
130 황혼 속 꽃구름
132 밤에 피는 꽃
133 창포 꽃 세월
134 짐승들의 울부짖음
136 진실의 증언

138 저자 약력

1부
봄이 오면

꽃향기

꿈속
사랑은
구름의 꽃 활짝 피워 놓더니
꿈속 사랑은
아쉬움 속
피는 듯
사라져 버리고

바람은
꽃향기 입에 물고
하늘을 올라
구름 꽃
피워 놓고
사랑했었다
향기 가득 쏟아 놓고

별빛은
파도를 출렁거리기만 할 뿐
꿈속에서도
사랑의 눈빛 한 번
주지 않더라

아카시아 꽃

아카시아 꽃은
따스한 어느 봄날
햇볕에
잘 익은
하얀 포도송이 꽃
활짝 피워 놓고
꽃향기 내뿜으면
벌 나비는
자기들이 좋아
아카시아 꽃들이 내뿜는 신호라며
재미난 듯
아카시아 꽃 향기 찾아
꽃송이 품에 안고
몸매를 자랑하며
꽃 그림자 하늘 높이 날아오르더니
잘 익은 포도송이
사랑을 먹고
꽃향기 달콤한
꿈속에
빠져들더이다

민들레와 씀바귀

민들레와
씀바귀는
너른 세상 다 놓아두고
좁고 좁은 틈
서로의 몸을 비집고 들어앉아
사랑한다며
얼굴을 마주하고
웃음꽃을
피우고

봄바람 불어오자
비좁은 땅
서로는 꽃을 피워 놓고
여기는
우리의 영역이라며
좋아서
웃고 떠들고

뜨거운 바람
불어오자
민들레와 씀바귀는
언제 그랬냐는 듯

서로는 잡은 손
탈탈 털어 버리고
꿈속을 간다

꿈속의 꽃

어젯밤
자고 일어난 자리
꿈의 부스러기
아쉬운 듯
해를 달구어
어디론가
가 버리고

꿈속 꽃들은
온 길은 보이는데
가는 길이 안 보인다며
소리 없이
하늘 높이 날아오르고
또 날아오르고

나비들은
신바람이 난 듯
꽃향기 찾아
옷자락 나부끼며
이 꽃 저 꽃 찾아다니더니 날이 어두워지자
나뭇잎 품속
사랑의

이부자리 깔아 놓고
꿈속 깊이
빠져든다

봄바람의 웃음소리

봄바람은
가슴 깊은 곳
어린싹을 틔우더니
햇살이 따스해지자
꿈의 꽃을 피워 놓고
햇볕에
곱게 몸단장하고
꽃을 찾아오더니
꽃향기 쏟아지자
꿈의
그림자 끌어안고
웃으며
길을 간다

봄의 손짓

벌 나비들은
봄이 오자
꽃의 손짓 따라
꿀을 빨아먹고 아쉬워,
꽃향기 가득
사랑에 빠져들더니
봄의
달콤한 손짓에
꽃들은
무릎을 꿇고
미래를 꿈꾸며
내일을 간다

봄이 오는 길

봄바람 불어오자
꽃들은
가지각색으로 꽃을 피워
꽃구름 새
얼굴 비춰 보며
곱게 웃어 가고

벌 나비는
꽃이 그리워
봄바람에
꽃향기 품에 안고
보물찾기라도 하는 듯
꽃을 찾아
꿈의 문을 열어 놓고
꽃향기에
얼굴을 비비고
입을 맞추고

꽃들은
벌 나비가 그리워
꽃술로 쓴
꽃향기에

춤을 추며
다음에 또 만나자고
마음을 익혀
세월을 간다

산동의 봄

산동에
봄이 오면
산수유꽃 봄바람 타고
꿈속 이야기
가지마다
활짝 피워 놓고

꽃송이는
그래도
미련이 남았나!
꽃무늬 옷
차려입고
벌 나비
불러모아
하늘을 날아오르고

꽃향기
영혼의 숨소리인 듯
구름이
거두어 가 버리자
산수유꽃 방울 방울
가슴 가득

웃음꽃 피워
하늘을
간질여 간다

봄볕 신화를 쓰다

봄바람
살랑거리자
꽃들은
하늘의 품속
웃음꽃 피우며
가지마다
사랑의 꽃
신화를 써 놓고

벌 나비는
어디서
무슨 소문을 들었는지
꽃을 찾아다니며
달콤함에 취하고
향기에 취해
다음에도
찾아오마고
아쉬움 남겨 놓고

꽃의 가슴속
뒤지고 뒤져
사랑의 불을 밝혀 놓더니

꽃향기
가슴 가득 끌어안고
오늘을 간다

꽃들의 시새움

안양천
뚝방 길
개나리, 진달래, 창포꽃 등은
봄이 왔다고
향기 내뿜으며
노래하고
춤을 추고

이를 본 풀들은
꽃을 보고
샘이 난 듯
몸이 빗물에 젖어도
고집을 부리며 놀더니
밤이 늦어서야
풀잎만
가슴 가득 피워 놓고

꽃구경 온 사람들은
꽃향기에
마음을 빼앗겨
추억을
가슴 가득 끌어안고

사랑의 밀어를
쏟아 놓으며
웃으며 길을 간다

상사화가 피었네!

황혼 속
눈을 감고 걸으면
꿈속의 그림자
사랑이란 말
상사화를 피워 놓고

사랑은
무정하게 떠나간 임
얼굴 한번 못 봐도
사랑의 향기
가슴 가득
쏟아 놓더니

임이 그리워
사랑을 노래하고 노래해도
사랑은
대답 한마디 없이
아쉬움만 더해
사랑의 눈빛
가슴이 타 버리자
꽃은
상사화를 피워 놓고

사랑의 향기
가슴 가득
세월을 써 내려간다

봄바람 속 나비

나비들은
봄바람 불어오자
곱게 몸단장하고
날개를 팔랑이며
꽃향기 찾아
하늘 높이 날아오르고

나비가
앉은 자리마다
사랑의 눈빛
꽃봉오리
뭉실뭉실
피워 놓더니
얼굴을 비비고
입을 맞추고

꽃이 진 자리
이 꽃 저 꽃
찾아다니며
사랑의 언어들을 쏟아 놓고
집으로 올 땐
꽃들이 주는

사랑의 선물
꽃송이 하나 못 찾아
빈손 들고
들어선다

목련꽃

따뜻한 바람 불어오자
목련꽃 가지마다
꽃송이 활짝 피워 놓고
벌 나비는
목련꽃 향기 가득
가슴을 적셔 오면
들로 산으로
꽃향기 찾아 나서고

목련꽃
송이, 송이
해진 곳을
채 꿰매지도 않았는데
꽃은
찢긴 가슴을 끌어안고
꽃잎 져 버리자
목련꽃은
꽃잎 진 자리
세월의 어디쯤에다
꽃향기 묻어 두고
꿈에도
봄소식만 기다린다

함박꽃

봄바람
불어오는 소리
함박꽃은
언제 알아들었을까?
가슴의 문
활짝 열어 놓고
살랑살랑 불어오는 꽃향기 쏟아 놓더니
미래를 향해
웃음꽃
살랑거려 가더라니

함박꽃은
하늘을 날아올라
땅 위엔
내려앉지 않을 것 같더니
꽃향기
품속 가득 끌어안고
미래를
향해 간다

꽃의 香煙

봄바람 불어오자
꽃들은
어린 꽃망울
활짝 피워 놓고

꽃향기
어리광을 피우며
가슴속을 파고들자
사람들은
방긋방긋 웃어
꽃향기 품에 안고
꽃동산을 오르고

벌 나비는
봄이 왔다고
속삭이듯 작은 소리로
노랠 부르며
꽃향기 속
춤을 추며
세월을 간다

2부
환상의 봄

순간의 꽃

봄이 오고
산과 들에
꽃이 피어나자
사람들은
웃음꽃을 활짝 피워 놓고
세월이
순간 속으로 사라져 버려도
마음속
세월의 꿈
순간을 지켜야 한다며
문을 닫아도
세월은 어둠 속
사라져 간다

꽃구름

가을 하늘엔
꿈이
살고 있어
황혼빛 구름
꽃을 피우는가 했는데
꽃은 피고 나면
지는 것을 아는 듯
차디찬
구름 끌어안고
꿈속 깊이
잠이 든다

내가 살던 고향은

봄바람 불어오자
고향을 찾아간 나는
내가 살던 고향은
콧노래를 부르며
골목길을 걷다가
그리움이 가슴 가득 차오르자
추억을
꺼내 들고
친구의 집을 찾아들고

친구도
내가 오기를 기다렸다는 듯
문을 열고 나와
어서 오라며!
반겨 맞아 주고

우리는
인사를 하는 둥 마는 둥
손을 꼭 잡고
방으로 들어가
막걸리를 앞에 놓고
추억을 부어 나눠 마시고

또 나눠 마시고

술에 취하자
몸을 비틀거리며
저녁 안개 부여안고
집으로 와
고향의 품속
깊은 잠에
빠져든다

나를 찾아서

나는
계절이
다 가기 전에
잊어버린 나를 찾아야 한다며
어둠 속
꿈을 찾아 나서고

언제는
나에게
죽음의 신호가 왔는지도 모르면서
영혼을
찾을 수 없다 해도
포기하지 않고
찾아 나서고

몸속
꿈이
꽁꽁 얼어붙어 버려도
마음은
세상을 녹여
꽃향기
흠뻑 받아

영혼의
길을 간다

숯불 구이

화로 속
참나무 숯은
시원한 바람에
정신이 뚜렷해지자
숨을 몰아쉬더니
숯이 벌겋게 달아오르자
갈치를 자신의 몸에 올려놓고
고소한 냄새 가득
익혀 놓으면
사람들은
잘 익은 고기
입에 넣고
꿈속을 간다
추억과
입을 맞춘다

산, 그림자

봄바람 불어오자
세월은
산을 오르면서도
힘들다는 말 한마디 없이
꽃구름 찾아
산을 오르고

산그림자는
꽃구름 품에 안고
하늘 높이 날아올라
바람의 품에 안겨 가더니
달빛 그림자에 기대어
사랑의 꿈
살랑살랑
펼쳐 가더이다

꽃게장

밥상 위
꽃게장
무서운 발톱으로
젓가락을 꽉 물고
놓지를 않아
혓바닥으로
꽃게를 살살 구슬리자
입안 가득
고소하고 달콤한 맛을
쏟아 놓고

꽃게장은
추억을 못 잊어
가슴에
바다를 토해 놓고
고소한 맛
입안 가득 쏟아 놓으면
사람들은
못 이기는 척
꽃게장의 가시 발까지
씹어 삼키고

달콤하고
짭조름한 꽃게장
입안 가득
꿈틀거리자
고소한 맛
내일을
되새김질해 간다

조 막걸리

대부도 입구
구봉도 가는 삼거리
칼국숫집
조 막걸리가 그리워
오늘도
칼국숫집을
찾아간다

술안주로
바지락 전을 주문하고
막걸리는
얼마를 퍼다 마셔도
돈을 안 받아
주전자 가득 담아 와
해물파전을 안주 삼아
먹고 마시고
부족하면
또 퍼다 마시고

얼마나 많이
먹고 마셨는지
고주망태가 되어

해 지는 줄도 모르고
술을 마시다,
양볼에
하트가 붉게 그려지고
기억이 사라지자
오늘을 잊어버리고
조 막걸리와
헤어짐이 아쉬워
술독 속
아쉬움을 끌어안고
꿈속을 간다

친구야 보고 싶다

친구야 보고 싶다.
너의 얼굴을 본 것이 너무 오래되어
머릿속
네
모습을 떠올려도
그림자마저
희미하구나!

친구야
꽃들은 봄이 왔다고
새싹을 틔우고
가지마다 주렁주렁
꽃을 피우는데
너만은 꿈에도 볼 수 없으니
아쉬움만 더하는구나

친구야
너를 떠나보내고
그리움 속
네가 생각나면
추억을
마구 주워 삼켜 버려도

그리움은
커져만 간단다

친구야!
우리 다음에 만나면
꼭 껴안고 살며
헤어지지 말자,
친구야, 응

황산 雲海

하루가 얼마나 긴지
종일 TV를 켜 놓고 보다가
오늘은 중국 황산으로
테마 기행을 간다

자주 본 풍경이지만
꿈속 상상의 운해 속
둥지를 틀고
아쉬움 없이
시간을 쏟아붓고

거친 구름은
하늘 높이 날아올라
안개 속
황혼의 그림자 하나
찾을 길 없는데

바위틈의 소나무는
목이 마른지!
계곡의 물을 꿀꺽꿀꺽 삼키더니
반달 위에 앉아
춤을 추며 운해 속을 간다

동백꽃 피면

겨울 언덕을 오르자
푸른 동백나무
성탄이 다가온다며
종소리
더듬어 읽고
또 더듬어 읽더니
종소리
산을 넘고
강을 건너 은은히 들려오자
아쉬워, 아쉬워
칡넝쿨로 묶어
나뭇가지에 높이 매달아 놓자
동백꽃은
아기 예수 태어났다고
들어 보라고
고운 목소리로
아기 울음
실어 보낸다

찾아간 고향

바람 따라
찾아간 고향
가슴속
추억이 떠오르자
나는
추억을 찾아
골목길로 들어서고

발걸음은
어린시절
추억의 그리움을 질척이며
골목을 기웃거리는데
친구의 집 앞
짝을 잃은 운동화 한 짝
짝이 그리운 듯
외로움 속
슬픈 모습으로
엎어져 있고

나는
그 모습을 보자
아스라이 사라져 가는

그리움에 취해
흘러간 세월의
파도를 찰싹거린다

자연의 알람 시계

숲은
바람 소리가
알람 시계 소리인 듯
바람에 맞추어
서걱거리더니

꿈의 끝
잠에서 깨어난 나무들은
봄이 왔다고 부랴부랴
몸에
화장化粧을 하고
새싹을 틔워
꽃을 피우고

세월이
황혼빛에 물들자
우수수 꽃을 털어 버리고
봄날을 간다

3부
욕망의 바람

안세영 선수

배드민턴의
안세영 선수는
세상 어디를 가든
모르는 사람이 없어
응원이 선수를 따라다니며
셔틀콕과
약속을 단단히 하고
하늘 아래
꿈의 세계를 펼쳐 놓고
하늘을 훨훨 날아
프랑스 파리에서 열린
올림픽과
각종 대회에서
상대가
고공비행으로 공격해 오면
자신은
저공비행으로 상대를 밀어내고
기술엔 기술로
힘엔 힘으로
어두운 안계를 지워 버리고
맑은 하늘 아래
단 하나뿐인

챔피언이란
명예만을 붙들고
춤을 추며
승리의 꽃을 피우고
바람 소리
변함없이
사뿐히 이 땅에
내려앉는다

인공 지능

사람들은
일하는 것이 힘이 들자
AI에게
인공 지능을 장착시켜
힘들고 위험한 일을 시키고

AI는
사람의 지능을 빌려
임신하더니
인간보다 높은 지능의
아이들을 출산
험한 세상을
편히 꾸려 가고

세월이 가고
또 가도 AI는
인간이 시키는 일이라면
진실과 거짓을
가리지 않고
높은 지능으로
세상을 읽고
사람들과 거리낌없이

손을 잡고
영혼이 살아 있는
길을 간다

흑산도 홍어

남해의 명물
홍어가
바다 물결 타고
흑산도로
찾아들자

사람들은
홍어의 몸에서 나는
냄새가 좋다며
미끼도 없는
주낙이란 낚시로
홍어를 낚아올리며
좋아서
웃고 떠들고

잡혀 올라온
홍어들은
주낙에 걸린 것이 명예라며
흑산도의 바코드
몸에 달고
웃으며 뭍에 오르고

뭍에 오른
홍어들은
몸의 물기를 빼고
발효 과정을 거치더니
달콤하고 고소한 냄새를 풍기자
사람들은
홍어를 끌어안고
입을 맞추며
내일을 꽃피어 간다

욕망은 바람 따라

서로는
쥐뿔도 모르면서
허욕의 바람을
가슴 가득 끌어안고
진실을 나누고 싶다며
하늘에 거짓의 씨를 심어 놓고
구름을 건너다니고

누구라도
자기에 대해 입만 열면
나 살고 너 죽자며
악으로 포장된 막말을
쏟아 놓으며
허욕의 바람은
가슴을 치고 웃고 울고

어두운 밤
이를 듣는
영혼들은 가슴속이
부글부글 끓어오르자
하늘을 날아
산봉우릴 더듬어 간다

치솟는 물가

물가는
하늘 높은 줄 모르고
재미난 듯
하늘 따라 치솟아 오르고
또 오르고

물가는 오르면
언젠가는 내려온다는
법칙이 없는 듯
높이높이
올라가야만 한다며
날갯짓 하늘 높이 솟아오르고

사람들은 이런
물가 앞에 서서
웃고 떠들면
물가는 사람들이
자기가 좋아 웃는 줄 알고
물가는 방긋방긋
웃음꽃 피우며   꿈에도 하늘 높이
피어오르기만 하더라

신의 불장난

2024년
우리나라 양궁 선수들은
프랑스 파리 올림픽에 출전
화살촉에
가상의 심장을 올려놓고
한 치의 양보도 없이
신의 경지를 넘나들며
화살을 명중시켜 가자

신은
이것을 보고 부러웠을까?

한 선수에게
실수를 유도하자
선수는
아무것도 모르는 듯
실수를 하고
이에 깜짝 놀란 선수들은
우리는
실수란 걸 안 배워 모른다며
활시위를 힘껏 잡아당겨
신의 가슴을 명중시켜 버리고

이것은
우리의 잘못이 아니라
신인 당신의 실수라며
선수들은
남녀 개인전과
남자 단체전 여자 단체전
남녀 혼합 복식전에서
금메달을 따
대한민국이란 이름을
세상에 널리 알리고
의기도 양양하게
조국으로 돌아왔다

암호 화폐

암호 화폐는
그 이름처럼
비밀을 지키자는 약속
서로 간에
암호로만 엮여 있어
암호가 맞으면
비밀을 앞세워
목숨까지도
아낌없이 주고받고

암호 화폐는
암호만 알고 다니면
편리하다는
장점 때문에
사람들이 많이 이용하지만
상대가 욕심을 부려
암호를 바꿔 버리면
암호 화폐는
나는 모른다며
감쪽같이 사라져 버리고

세상에서

암호가 사라져 버리면
암호 화폐는
그 어느 누구하고도
자신의 비밀을 나누지 못해
가슴속 깊이
암호를
묻어 버리고
어둠의 길을 간다

무인도

낮이면
해가 떠오르고
밤이면
달과 별이 찾아와
무슨 말인지
밤새워
소곤거리는 섬

꿈속 섬은
몇 발짝만 걸어도
거센 파도가
앞을 가로막아
더는 앞으로
나아갈 수 없는 땅

방랑객인 나를
애절한 눈빛으로 지켜 주는
등대 불빛
무인의 섬에
다정한
신호를 보내와도
눈 한번

깜박이지 않는 섬

섬의 심장 소리
소곤거리면
가슴속
파도를 끌어안고
꿈속 깊이
잠이 든다

삶의 비밀번호

사람들은
태어나자마자
자신만의 몸에
자신만이 아는
비밀번호를 부여해 놓고
아무도 몰라야 한다며
입을 꼭 다물고

이리
비밀번호는
나를 나타내는 숫자라서
아무도 나를
알아보지 못할 것이라며
호들갑을 떨지만

누구나
알려고 마음만 먹으면
알 수 있는 것이
삶의 비밀번호여서
미덥지 않아도
아무도 모르게
진실을 외면하고

거짓 속
비밀을
지켜 간다

변신의 시도

거짓을
몸에 지닌 사람들은
앙큼한 속내
누구에게도 내보이지 않으려고
불속과
물속을 오가며
가슴속을 담금질하고

이리
날이면 날마다
꿈속
욕망을 담금질하여도
믿음이 안 가?
날 선 거짓의 뿌리
점검하고
의미 있는
변신을 시도하며
거짓의 날
시퍼렇게 세워
어둠의
길을 간다

하늘의 흘림체

푸른 하늘
바람은 갈지자로
오늘을
써 내려가더니

이리 비틀
저리 비틀
넘어질 듯 꽃을 피우더니
꽃이 진다

하늘이 울고 울어
몸으로 쓴
흘림체가
보기 좋게
호들갑을 떤다

불멸의 인용

듣고 있는 말
무슨 말인지 못 알아듣자

무슨 뜻이냐?
다시 묻고

나도 모른다며
몸속 깊이 숨겨 버리면

잘못 구워진 불판 위의
물고기인 듯
연기만 피우고
멋과 맛을 불살라 버리자

두 눈에
그리움만
방울방울
고인다

비가 내린다

낙엽 비가
내린다
붉고 노란 낙엽 비가
우수수 떨어진다

주인도 없는 비
흐르지도 않는
파도도 없는
비가 내린다

칼로 자른 듯
아쉬움이다
눈물에 젖은 비가
뚝뚝 떨어져 내린다

4부
죽음의 길

날갯짓 고운 아부

갈매기들은
아침 일찍 일어나
점잖은 듯
하얀 옷을 차려입고
물위에 앉아
선원들이 뱃전에 나타나기만을 기다리다
선원들의 얼굴이 보이면
아침 점호를 받겠다고
아부를 떨고
갈매기들은
고개를 끄덕여 인사를 하고 나면
본성을 못 버리는 듯
그물에 걸린 고기
선원들 몰래 훔쳐먹어도
선원들은 아는 듯 모르는 듯
뱃머리 버티고 서서
그물을 잡아당기면
갈매기들은 선원들에게
그물을
더 빨리
끌어올리라고
까옥까옥 재촉하더니

선원들이
그물을 다 끌어올려 놓자
갈매기들은 날카로운 부리로
고기를 훔쳐먹고
고맙다는
한마디 말도 없이
까옥까옥 웃음소리만 남겨 놓고
황혼빛 따라
파도 속
다음에 또 보자며
사라져 간다

꿈속에 핀 꽃

사람들은
가슴속의 꿈
꽃을 찾아 피우고 말 것이라며
모락모락 김이 나는
꿈의 길을 가고

모두가
마음을 모으면
못 이룰 것이 없을 것이라며
몸을 불살라
꿈의
꽃을 피우지만
꿈의 꽃은
열매가 열리지 않고

그래도 꿈은
자존심을 펼쳐 놓고
노력하면
예쁜 꽃을 피우고
열매도
얻을 수 있을 것이라며
밤새워 꿈속을
가고 또 간다

달팽이

달팽이는
둥글둥글 꼬불꼬불
팽이인 듯
나사못인 듯
이름도 없는
세월을
돌고 돌아 길을 가고

길을 모르는 것이
너뿐이라 해도
그들은
마음을 놓고
세월을
빙글빙글 돌고 돌아
미로를 찾아들고

날이 어두워지자
꼼짝없이
몸에 익은 길
썩은 나뭇가지 틈새
웅크리고 앉아
세월을 새기어 간다

도깨비풀

잡초 우거진 풀숲 속
도깨비풀
숲속
좁은 공간이
그들의 은신처이자
삶의 터전이다

그들은
연약한 몸으로
하늘 닿을 듯 높이 치솟아 올라
꽃을 피우고
열매를 맺고

기다림 속
낚싯바늘 같은
열매를 익혀
누구든 지나가기만을 기다리다
바람의 그림자만 보여도
몸에 들러붙어
동행을 요구하고

몸에 얽힌 열매

멀리멀리 따라가다가
흙이 보이면
여기가 내가 살 곳이라며
몸에서 떨어져 나가
미래를 펼쳐 놓고
꽃을 피워간다

길 위의 생명들

우리가
무심히 밟고 다니는 길
조금만
신경을 쓰고 들여다보면
무수한 생명들이
위험을 무릅쓰고
길 위를
오가고 있다

눈에 잘 보이지도 않는
개미에서부터
동물 중
제일 몸무게가 무겁고 큰
코끼리까지
아무런 생각도 없이
생명을 짓밟고
다니고

벌 나비와 같은
곤충들은
해가 뜨면
누가 부르지 않아도

나름의 방법으로
세상을 돌고 돌아
자신의 삶을
이 땅에서
지켜 간다

봉황새 하늘을 날다

꿈속
봉황새는
기다림의 꽃을 피우더니
봄바람 불어오자
하늘 높이 날아올라
꽃을
피우고

하늘이
높고 높아
봉황새의 영혼은
깃털의 힘만으로
하늘 높이 날아오르지 못해도
날아오르고 말 것이라며
목을 매달고

천 년을 두고
하늘을 날아올라도
구름 속
날갯죽지 하나
물에 젖지 않아
황혼 속을
떠돈다

꿈속의 길

꽃은
꿈을
가슴속에 품고 살며
가슴속 마디마다
꽃을 피워
향기를 쏟아 놓고

꽃들은
꽃의 상속권이
진실한 자신들에게만 있다며
새벽부터 일어나
꿈의 품속
꼭 성공하고 말 것이라며
꽃을 피우고
열매를 익혀 가지만

꿈속 꽃향기
벌 나비의 품에 안겨 주고
꽃은
땅으로 떨어져
사라져 간다

모과 술

모과의
늙은 눈빛은
세상을 뒤적여
마음에 드는 술이 있으면
술 속
몸을 담그고
꿈의
길을 가고

모과 술
진한 추억은
겨울바람에
마음이 부풀어 오르자
가슴속에 세상을 오려 담아
끝없는 날들과
수련에 들고

이제는
신의 반열에 올랐을까?
술맛이 살아나자
살랑살랑
사람들의

마음을
흔들어 놓는다

춤추는 빨래

어머니는
더러워진 옷
곱게 빨아
빨랫줄에 걸어 놓고

빨래들은
산들바람에
얼굴을 곱게 단장하고
부끄러움을 모르는 듯
빨랫줄에 요염하게 걸터앉아
발가벗은 몸
바람의
장단에 맞춰
치맛자락 나풀거리며
춤을 추자
사람들은
빨래의 춤을 보며
빙그레 웃어 가고

빨래는
바람 소리
빠른 장단에

신이 나
덩실덩실 춤을 추며
바람에 실려간다

추억의 보리밭

봄볕
아낌없이
햇볕을 토해 놓자
초록의 보리 새싹들은
햇볕을 들이마시고
푸르게 푸르게
몸을 익혀 가며
싱싱함을
펼쳐 놓고

보리밭 이랑
김을 매던 어머니들은
설익은 보리를
불에 그을려
나누어 먹고
얼굴을 그을음으로
단장을 하더니
서로 마주보며
우스운 듯
낄낄거리며 웃고

오늘도 나는

익어 가는 보리를 보자
추억에 들떠
그리움 속
어머니를 그리며
가슴속을
더듬거려 간다

태풍이 불면

태풍은 겁없이
산을 넘고
파도를 뛰어넘어
거칠게 불어오더니
가다가 누구든 만나면
널뛰기 시합을 하자며
넓은 바다를
한걸음에 건너뛰고
높은 산을
타고 넘더니
자신이 이겼다고
자랑하고

몸이
한없이 부풀어오르자
태풍은
산을 무너뜨리고 말 것이라며
큰소리치더니
바위를 뛰어넘고 넘어
몸을 계곡에
처박아 버리고

사람들이
못살겠다 아우성치자
바람은 그때야
미안한 듯
얼굴을
구름 속으로 감춰도
바람은
거칠기만 하더라

가 버린 세월

벽시계는
오늘도 쉬지 않고
세월을 돌고 돌아 가 버리자
얼굴엔 주름살 하나 없어도
황혼 속 무지개 꽃
방울방울
꽃을 피워 가더니

오늘도 벽시계는
몸에
흠집 하나 남기지 않고
세월을 돌고 돌아
시간의 꽃 무덤
써 내려간다

5부
오랜만이야

가을 전어錢魚

가을바람
솔솔 불어오자
전어들은
뜨거운 화덕 위 모여 앉아
몸을 누렇게 꽃피워 놓고
숯불 속
전어는
눈도 깜박이지 않고
몸을
치장하더니

고소한 향기
피워 올리더니
이젠 되었다며
어서들 이리 와
내 살 한 점씩 뜯어먹어 보라고
전어의 향기
신호를 보내오고

기다리고
기다리던 사람들은
전어의 향기

한입 가득 베어 물자
풍성한 가을이
전어의 향기로
가슴 가득 차오르며
고소한 연기
단풍이 든다

나를 찾아서

언제는 나에게
죽음의 신호가 왔던가?
불 폭탄 같은 여름 날씨에
치매인 듯 영혼을
잊어버리고
어둠 속을
더듬어 가고
또 더듬어 가건만

가슴이
진실을 잊어버려
정신은
영혼에 매달려
멋대로 뛰어도
찬바람에
몸이 꽁꽁 얼어 버리고

우리는
가슴 가득
삶을 품어
세상을 녹여
폭포수 같은 숨을 들이마시고

꽃향기 흠뻑 품어
영혼의
길을 간다

흘러간 세월

벼룩의
간만큼 했을까?
몽당연필의
심만큼 했을까?
언제 세월이
구름 사이로 사라져 버렸는지
눈 깜짝할 새
가 버리고 없다

황혼녘
밝은 별빛들
당기고 당겨
불빛 밝혀 놓아도
세월은 아니 보이고
고희의 아쉬움만
떠돈다

밤안개

어두운 밤하늘
밤안개는
무섭지도 않나
어둠 속을 흐르고 흘러가더니
별빛 틈새
사랑의 메시지를
방울방울 쏟아 놓고

달빛은
어둠 속 안개를 보고
시끄럽게 떠들며
자신들을 찾아보라고
술래잡기하듯 놀다
서로를 껴안고
깊은 잠에
빠져든다

먹이 사슬

사자와
하이에나는
먹이 사슬 관계가 아니면서도
하이에나는
배가 고프면
사자들이 먹고 있는
먹이를 보고
침을 흘리며
먹이를 내놓으라고
으르렁거리고

사자들은
너희는
우리의 적수가 되지 못한다 해도
하이에나의 수가 많아지면
사자들은
아쉬움 속
먹이를 먹다 말고
슬금슬금 자리를 피해 가고

하이에나는
때를 아는지

으르렁거리며
머릿수로 거칠게 위협
사자들의 먹이를
빼앗아 먹고
배가 부르자
사자들의 눈치를 슬금슬금 살피더니
미안하다는 말도 없이
숲속 방귀인 듯
사라져 간다

추억의 그림자

희미한 불빛 속
늙은이들은
추억의 문을 열고
무슨 말인가를 주고받더니
얼굴에
가면을 쓰고
밤길을 걸어가고

서로는
기억에도 없는
가슴속 아픔
우물거리다가
아무 곳에나 뱉어 버리고

가다가 피곤하면
어디든 가리지 않고
쭈그리고 앉아
어둠 속 추억을 꺼내 들고
꿈을 꾸고

가로등 파란 불빛
집으로 가는 길을 비추어도

늙음은
어둠 속 붉은빛
금도의
길을 간다

마지막 잎새

마을 회관 앞
느티나무
천년을 두고 같이 살자고
잎들이 노래를 부르며
펄럭이더니

그래
천년을 살았을까?
백년을 살았을까?
가 버린 세월
더는 못살 것 같다며
투정을 부리더니

올해는
그것마저 삶이 힘이 드는지!
늦은 봄이 되어
잎사귀 몇 개
피워 놓고는
가을도 아닌
여름인데
못 이겨 못 이겨
단풍잎 누렇게 물이 들더니

잎 하나 남김없이
탈탈 털어 버리고
조는 듯
꿈꾸는 듯
죽음의
길을 간다

삶의 포기 각서

산다는 것이
어찌나 힘이 드는지
한순간에
삶을 도둑맞아 버리고도
도둑맞은 것을
모르고

죽으면
하늘에 올라가 살겠다
떠들지만
하늘이
얼마나 높고 험한지
눈에 환히 보여도
그 어느 누구도
하늘을 한 발짝도
오르지 못해
땅을 파고들고

마지막엔
낙엽을 이불 삼아 덮고
모두는
꿈속에 빠져들어

바보인 듯
세월의 파도에
삶의 포기 각서를
가슴에 담고
죽음의
길을 간다

독사의 몽니

독사는
피도 눈물도 없는 듯
길을 가다가 여우를 만나자
혀를 날름거리며
나 살고
너 죽자며
길을 비켜서지 않고
이를 드러내
너를 죽이고 말겠다고
길을 막아서고

여우도
물러날 생각이 없는 듯
피맛을
보고 말 것이라며
악착을 부리고

서로는 순간에도
험지에서
위험을 저울질하였던가?
여우가 숲속으로 사라져 버리자
독사도

기회를 잡은 듯
몽니를 내려놓고
슬그머니 숲속으로
사라져 간다

죽음의 신호등

황혼 속
신은
나의 삶에
불을 꺼 버리고
죽음의 열쇠를 넘겨주어도
나는
죽음의 열쇠를 받아들고
어디로 가야 할지 몰라
신호등도 무시하고
어둠의 길을 가고

눈을 감자
이승의 끝에 벌써 와 버렸나!
삶은
이대로 죽는가 보다
의문을 품어 보지만
영혼은
들은 척도 안 하고

나는
가슴이 아파
저승에서라도

새 삶을 살아 보려 하지만
삶은 썩은 냄새에
영혼을 빼앗기고
어둠 속
길을 간다

죽음의 길

날이 어두워지자
나는
죽음의 미끼인
꿈을
꽉 물고
어두운 길을 가고

삶은
이대로는
못 봐주겠다며
비틀비틀
지팡이 짚고
세월을 가더니

죽음의
빛이 반짝여도
덧셈과
뺄셈도 못해
어둠과 동행을 하면서도
죽음의 거부권 행사도 못해
온몸으로
죽음의 길로
뛰어든다

기다림

사랑한다며
애원의 눈빛
삶을 이고 지고
사랑의
길을 간다

세월은 순간에
죽음을 싸 들고
어둠 속 사라져 버려도
가로등 불빛은
어둠 속 깊이
빠져들고

삶은
영혼을 빼앗겨 버리고
꿈을 꾸며
하늘을 훨훨
날아간다

세월의 꽃

봄날의
세월은
바닷가에 앉아 있는
나를 향해
물결 찰랑거리며
잘도 놀더라니

나는
한세월도
못다 읽었건만
세월은 어느 겨를에
세월을 다 읽고 사라져 버렸는지
못다 읽은
파도를 건져 올려
읽고 또 읽건만

세월은
아쉬운 듯
적막을 깔고 앉아
거칠게 출렁거리다
사라져 버리고
허망한 듯

사랑의 언어
마구 쏟아 놓더니
기다림이 아쉬워
서로는
세월을 끌어안고
조잘거린다

미친 산불

산불이 미쳐
검은 연기
쏟아 놓으며
맨몸으로 산을 넘고
강을 건너
포복하여
산을 타고 오른다

불이 미쳐
붉은 혀를 날름거리더니
나무를 집어삼키고
사람을 잡아먹고
그을음 시커멓게 늘어놓고
미쳐 날뛴다

몸이 떨리고
이가 갈린다
하늘도 안 보이는
무서움이다
검은 그을음
쏟아 놓고
죽어 간다

6부
거짓과 진실

모기의 집착

여름밤
뜨거운 열기는
사람들을 발가벗겨 놓고
추억을 더듬거리자
모기들이 모여들어
모깃불을 피워 놓지만
모기들은
피를 빨고 또 빨자
사람들은
방문을 열고
방안으로 들어가
꿈속 깊이
숨어 버리고

모기들은
모기 털 하나
빠져나가지 못할 문틈으로
어찌 몸을 비비고 들어왔는지
밤새워 모기들은
피를 빨아먹고
피의 잔치를 벌이더니
날이 밝아오자

반달 배를 타고
바람결 살랑거리며
흔적도 없이
사라지고 없더라

진실과 거짓

진실과 거짓은
같은 길을 가면서도
발을 잘못 디뎌 넘어지면
마음씨가 나빠 그런다며
욕을 하고
동상이몽의 길을 가고

거짓은
어둠 속 더듬어 더듬어가며
진실이 보이면
몸속 깊이 파고들어
진실을 삼켜 버리고
나는 모른다고
시치미를 떼어 버리고

진실은
거짓의 몸속 깊이 파고들어
진실을 비교해 보자고
말만 할 뿐
어느 것 하나
진실과 거짓을

구분해 내지
못하고

거짓의 橫暴

가슴속 거짓은
재고량이 늘자
금지 라인을 그어 놓고
아무도 못 빠져나가게
가로등 불빛
비밀 하나 남김없이
상대의 가슴속 깊이
거짓을 쏟아 놓고
거짓은
꿈길에도 거짓의
꽃을 피워 가건만

진실은
이리 거짓을 비틀어 짜
공격만 하고
가슴속 진실은 거짓을 찾아내지 못해
거짓의 길을 가며
낮에는
햇빛으로
어둠의 문을 열고

밤이면

그믐달
날카로운 칼날로
거짓의 뿌리를 캐 들어가도
거짓은
귓가에만 맴돌 뿐
어느 것 하나
진실을 토하지
않더라

세월을 써 간다

세월의
곱고 고운 그림자
이 땅에
꽃을 피우고
열매를 익혀 놓으면
우리는 세월을
베껴 쓰고
또 베껴 쓰고

우리가 써 놓은
역사의 흔적
눈[目] 속 깊이
파고들면
거짓과 진실의 싸움으로
엮여 보이고

이리
세월은
말로 하는 것이 아니라
몸으로
써 가는 것이라 해도
역사를

쓰는 사람들은
진실과 거짓으로 갈라져
내일을 간다

황혼 속 꽃구름

해가 저물어 가자
하늘엔
신선이 사는지
구름이
둥실둥실 떠다니며
황혼빛 꽃을 피우고

황혼에
꽃구름
춤을 추며
어둠 속의 꽃
한 배 가득 실어 오면
하늘이 어두워
길을 찾지 못하자

모두는
시드는 꽃잎
입으로 호호 불어도
꽃향기 사라져
아쉬움 속
살랑거리며 산을 넘어
바람의

여윈 목소리
가슴속을 누빈다

밤에 피는 꽃

밤이 오자
별빛은
하얗고 노란 꽃
활짝 피워 놓고
밤새워 웃으며
떠들고

해 뜨고
새 울자
밤을 새운
거짓의 주동자들은
가슴속을 파고들어
닻을 내려도
진실 한마디
찾아내지 못하고

거짓은
거짓만
쏟아 놓고
풀 향기
썩은 냄새까지 삼켜 버리고
내일을 간다

창포 꽃 세월

봄 동산에
파란 창포 꽃
꽃향기 뿜어
벌 나비 불러모아 놓고
창포 꽃은 진실을 말하겠다
하지만
창포 꽃송이
진실 앞에만 서면
얼굴이 새파래져
창포 꽃송이
꿀단지 늘어놓고
꽃향기
바람 따라
흘러만 간다

짐승들의 울부짖음

짐승들은
서로가
상대를 잘 알고 있어
만나기만 하면
서로를
해치우고 말 것이라며
울부짖음
산 가득
쏟아 놓고

그들이
쏟아 놓은 소리
서로의 가슴속
전율戰慄이 일자
서로는 얼굴색을 바꿔 가며
목소리 높여 울고

부엉이 우는 소리
가까이서 들리자
짐승들은 가슴이 벌름거려
기회가 있을 때마다
진실해야 한다

말하지만
그것은 모두가
말뿐이어서
가슴 아파
울고 간다

진실의 증언

진실과 거짓은
돋보기를 꺼내 들고
서로의 마음을 읽어 보고
또 읽어 보고

진실은
몸에
한 톨의 거짓만 고여 있어도
짓이겨 버리지만
거짓은 마음속 한 가득 진실이
고여 있어도
못 잊어 못 잊어
신분을
세탁하지 않고

황혼빛 하늘이
사라져 버리자
아무것도 안 보인다며
마음이 어두워져 버릴까?
세월의 뿌리
땅속 깊이 묻어 놓고
거짓의 꽃

곱게 피어
출렁거린다

저자 약력

아호 : 서석瑞石
출생 : 전남 무안
학력 : 한국방송통신대학 졸업

교직 경력

교직 근무(33년)
전남교육감 표창
전남교육회 회장 표창 3회
무안군교육장 표창 5회
금성시시교육장 표창 3회
화성군교육장 표창
부천시교육장 표창
《수원일보》 교육 공로자 표창
문교부 장관 표창
대통령 포장 수상

문학 경력

《흔맥문학》 시 등단
흔맥문학가협회 명예회장 역임
연암박지원문학상 본상 수상
서포김만중문학상 대상 수상
송강정철문학예술상 본상 수상
한국문인협회 정화위원 역임
한국현대문학작가연대 중앙위원
무안문화원 회원

국제펜클럽 한국본부 회원
시향 회원
매월당문학상 본상 수상
흰돌문학상 수상
한올문학상 대상 수상
단테문학상 수상
국제문화예술상 본상 수상
미래다문화 문학상 수상
국제지구사랑 문학상 수상
랭보문학상 작가상 수상
무원문학상 본상 수상
독도문예대전 문학상 3회 수상
《한국청소년신문》 백일장 우수상 수상

의정부문학상 수상
문학신문사 주최 시 부문 최우수상 수상
흔맥문학가협회 공로상 수상
한국청소년신문사 주최 환경 보호 공모전 우수상 수상
《푸른문학》 심사위원 역임
흔맥문학상 대상 수상
국가 상훈 인물 대전 현대사의 주역들 문화 예술인편 등재
(2018년)

서예 작가 경력

한국서화작가협회 초대 작가
한국서화작가협회 기획위원장 역임
서화미술대전 입선 7회
국제서화예술대전 특선
서화예술대전 공로상 수상
동양예술대전 특선
아카데미미술대전 특선 2회
한국서화작가협회 공로상 수상

📂 시집

1집 『낮에 뜬 달』
2집 『사람 마을로 간 길』
3집 『구름이 흐르는 강』
4집 『삶의 갈피 그리고 그 사본』
5집 『두런두런 삶의 소리』
6집 『그림자의 탑』
7집 『구름에 젖은 달』
8집 『잃어버린 길』
9집 『황혼빛에 물들고』
10집 『어둠속 길을 간다』
11집 『시 선집 발간』
12집 『꿈속의 인연』
13집 『황혼 속의 그림자』
14집 『꿈속에 핀 꽃』

꿈속에 핀 꽃

최병학 제14시집

- 초판 인쇄 / 2025년 3월 20일
초판 발행 / 2025년 3월 25일
발행인 / 김영선
발행처 / 한맥문학출판부
　　　　서울시 서대문구 통일로 479-5
　　　　등록 1995년 9월 13일(제1-1927호)
　　　　전화 02)725-0939, 725-0935
　　　　팩스 02)732-8374
　　　　이메일 hanmaekl@hanmail.net

- 값 / 10,000원

- 잘못된 책은 구입하신 서점에서 바꿔 드립니다.

ISBN 979-11-93702-20-8